CARPINEJAR

CARPINEJAR

BERTRAND BRASIL

2020

EDITORA-EXECUTIVA
Renata Pettengill

SUBGERENTE EDITORIAL
Marcelo Vieira

ASSISTENTE EDITORIAL
Samuel Lima

REVISÃO
Cláudia Moreira

DIAGRAMAÇÃO
Beatriz Carvalho
Beatriz Araujo

CAPA
Leonardo Iaccarino

CIP-BRASIL. CATALOGAÇÃO NA PUBLICAÇÃO
SINDICATO NACIONAL DOS EDITORES DE LIVROS, RJ

Carpinejar, Fabrício, 1972-

C298c   Carpinejar: poesias / Fabrício Carpinejar. – 1ª ed. – Rio
de Janeiro: Bertrand Brasil, 2020.
128 p. ; 21 cm.

ISBN 978-65-5838-007-8

1. Poesia brasileira. I. Título.

CDD: 869.1
20-66087   CDU: 82-1(81)

Leandra Felix da Cruz Candido – Bibliotecária – CRB-7/6135

Texto revisado segundo o novo Acordo Ortográfico da Língua Portuguesa

2020
Impresso no Brasil
Printed in Brazil

Direitos exclusivos de publicação adquiridos pela:
EDITORA BERTRAND BRASIL LTDA.
Rua Argentina, 171 – 3º andar – São Cristóvão
20921-380 – Rio de Janeiro – RJ
Tel.: (21) 2585-2000 – Fax: (21) 2585-2084

Atendimento e venda direta ao leitor:
sac@record.com.br

No cemitério,
cuidava para não pisar
nos mortos dos outros.

Não há como renunciar a mortalidade,
ainda que o pensamento seja infinito.
Assim como os demônios
jamais cortarão as suas unhas.
Assim como os anjos
jamais podarão as suas asas.

Os cabelos de muitos meses,
cultivados com vaidade,
serão arrastados com pressa
pela vassoura da barbearia.

Postos na pá sem distinção,
como mechas de um único homem.

No chão, nada mais nos pertence.

Judas: o Cristo de Cristo,
o crucificado do crucificado.

Desejo que a minha morte
coincida
com a minha morte.

Que eu não seja levado
para o fundo das mágoas
antes de ser levado
para o fundo da terra.

Que a minha morte
não seja mera confirmação,
banal espera.
Que o meu fim
seja realmente inédito.

O poeta é oportunista
das tragédias incompreensíveis.
Nomeia acidentes inomináveis,
chora com lágrimas emprestadas,
agarra-se às fatalidades e aos lutos.
Tem o seu caderninho de fiado,
a sua máquina de fiar comoções,
como quem apanha o grito no ar
e o converte em tecido do próprio sangue.

O poeta é o último carpideiro.
Psicografa vivos, coleciona mortos.
Só na alegria é analfabeto.

Nas paredes da casa vendida,
não há mais nenhum quadro,
nenhuma foto, nenhum objeto
de decoração.

O chapéu de palha
pendurado atrás da porta
é o retrato que restou
da minha família italiana.

Os mortos estão apenas
interessados
em ler notícias velhas.

Os velhos estão apenas
interessados
em ler notícias mortas.

Há lares
que não chamam o padre
para a extrema-unção.
Nem as últimas palavras
salvariam.

Eu tive várias vidas,
não terminei
nenhuma.

A velhice é quando
a carne descola do osso.

Deus relê aquilo
que escreve?

Na dor,
queremos a casa vazia
para chorar dobrados no corpo.

Se não é um bom filho,
que tenha sido um bom pai.
Se não é um bom marido,
que tenha sido um bom amigo.
Ninguém ganha a eternidade
por unanimidade de votos.

Não existe mortalha
sob medida,
terão que ajustar
as bainhas.

Enterrei minha esperança
em vala comum.
Não coloquei lápide,
epitáfio, vaso de flores.
Tudo para não encontrá-la de novo.

As lembranças felizes
vão me trair um dia.

Talvez nunca tenha sido feliz.
Sempre comemorei a felicidade
de véspera.

Faz todo sentido
um sujeito indeciso
como eu
morar numa esquina.

Vou chegar
a nenhum lugar
pontualmente.

Eu gosto de sol,
não o admiro.
Admiração apenas pela chuva,
essa rodoviária de pássaros.
Eles pousam como se soubessem
o meu nome.
E partem com espanto,
avoados pela água.

No inverno,
atravesso a rua
para cumprimentar a luz.
No verão,
abraço as árvores
para encompridar a sombra.

Tenho duas mãos
esquerdas,
o que me torna mais
do que canhoto.

Não olho para trás,
o passado dá vertigem.

Somos infiéis
com os caminhos.
Jogamos fora
os sapatos
quando finalmente
se moldam
aos nossos pés.

Palavra e fogo nada podem
contra o vento,
ele sempre apaga o que estava
sendo dito.

Uma tarde a tempestade virá de inopino,
o céu desabará próximo de seus ombros,
então terá que esperar a chuva passar
debaixo de uma marquise,
terá que conviver com as nuvens sombrias
do pensamento,
terá de volta o arrepio dos braços
e o medo de estar desprotegido,
sem saber quanto tempo vai demorar
para retornar à vida.

Discutir é imprevisível,
o fim e o sim são próximos.

Nesta semana
quebrei dois copos
e um prato.
— Assim é melhor,
a energia negativa
não atingiu ninguém —
explica a esposa.
O que antes era incompetência
agora é sorte.

Seguramos um ao outro,
todo o nosso peso,
somente com a boca.

Meu sonho era escrever simples,
como o bilhete deixado por Beatriz
na porta da nossa geladeira:
"Amor, roubei jujubas vermelhas
Adoro nossa vidinha."

Ela pensa que é ansiedade,
pressa de amar,
mas tiro rápido a roupa
para não mostrar
a minha nudez.

A diferença entre a criança
e o adulto é a curiosidade.
A criança nunca cansa de perguntar,
o adulto sempre cansa de responder.

As moscas poderiam aproveitar
as frutas caídas, despidas no chão,
mas preferem incomodar
as que estão penduradas na árvore,
em perfeita saúde.

A amêndoa poderia ser
somente uma palavra
que teria o mesmo gosto.

O vinho já nasce
viúvo.

Transformo a papaia
em jangada,
ponho ao lado
a dourada rede,
as sementes,
na praia inventada do prato.

Escolher entre o mel
e a geleia,
não ter como errar nenhuma
das decisões,
barulhar o café na boca,
estar sozinho
e não se sentir só.

Uma mesa de três pernas,
um cachorro de duas pernas,
um homem de uma perna,
a centopeia da fé.

Ando no cais do porto,
encurvado,
o minuano
é um filho na garupa.

Porta que range,
o vento
tem a chave.

A guitarra parada
é uma menina diante
do espelho,
esperando que alguém
faça as suas tranças.

O rio Guaíba é marrom
como um engradado de cerveja.

De vez em quando,
alguma garrafa explode
com o pôr do sol.

No dia 25 de dezembro,
almoçarei as sobras do jantar.
A maioria das pessoas
almoça restos de comida
todos os dias.

Minha mãe não cozinha mais,
esqueceu as receitas, abandonou o dom
de reconhecer o fogo pelo som.
Minha mãe desaprendeu a esfregar a louça,
passa uma água isolada da esponja.
Minha mãe não cuida da geladeira como antes,
tal estante, com a ordem alfabética da fome e da sede.
Mas só a minha mãe sabe agradecer
uma visita de verdade.
Põe as nossas mãos no interior
de suas mãozinhas azuis:
— Fique com Deus!

Meu pai andava de pulso limpo,
sem ver as horas.
Acreditava que o tempo matava,
que todo relógio era a alma de uma bomba.

Uma rua sem saída
é ideal para jogar futebol.
Não passam carros,
pessoas, cachorros, gatos.
A partida termina
quando atravessamos as vidraças.

Já vi árvore
cicatrizando
com cuspe de ave,
vento ser mais firme
do que rocha.
Imaginar completou
a memória de menino.

Roubava amoras
dos vizinhos,
esticava a camiseta em cesta,
carregava o que não podia
comer na hora.
Quando chegava em casa,
os irmãos me respeitavam.
Juravam ter visto sangue

Atirar a pasta pesada na cama,
livrar-me do uniforme branco
fechado até o último botão,
sussurrar com os cachorros
de chinelo e calção no pátio.

Da escola, o que mais aprendi
foi a saudade de casa.

Antes da aula,
eu cheirava cola.
Levava os saltos da mãe
para consertar no sapateiro.
Escorado no balcão,
boiava o olfato.
Ria depois dos colegas
que se contentavam
com o álcool do mimeógrafo.

O primeiro cachorro
morreu em meus sete anos,
abatido por um Opala amarelo.
O segundo fugiu
com a ajuda da faxineira.
O terceiro dormiu para sempre,
envenenado no bairro.
A asma é o único cão
que vai morrer de velho
em mim.

O amor ao cachorro
não irrompe pelos passeios de pluma
ou nas brincadeiras de cócegas no chão,
é quando você dá um banho
e vê quem ele é sem o pelo,
vê o que sobra dele tosado pela água,
uma criatura indefesa, pequena, raquítica,
tremendo de medo.

Acenava para os pássaros,
acenava para as árvores,
acenava para estranhos,
acenava à família,
acenava na hora de acordar, de comer,
ao surgir em algum lugar.

Acenar, para mim, era oi, não adeus

Fui um menino idoso,
usava roupas herdadas
dos irmãos.

Quanto mais antigo,
menos velho.

Às vezes,
olhando ao meu redor,
eu me pergunto:
por que fui sair
do ventre de minha mãe?

Nenhuma família é confiável,
mas ainda é a sua melhor opção.

O fim é um meio.
O político transforma seu cadafalso
em mais uma chance
de subir ao palco.

Impresso no Brasil pelo
Sistema Cameron da Divisão Gráfica da
DISTRIBUIDORA RECORD DE SERVIÇOS DE IMPRENSA S.A.
Rua Argentina, 171 – Rio de Janeiro, RJ – 20921-380 – Tel.: (21)2585-2000